Dubitskaya Natalia

Produção de cerâmica na Bielorrússia (século VII a.C. - 1º milénio d.C.)

Dubitskaya Natalia

Produção de cerâmica na Bielorrússia (século VII a.C. - 1º milénio d.C.)

ScienciaScripts

Imprint

Any brand names and product names mentioned in this book are subject to trademark, brand or patent protection and are trademarks or registered trademarks of their respective holders. The use of brand names, product names, common names, trade names, product descriptions etc. even without a particular marking in this work is in no way to be construed to mean that such names may be regarded as unrestricted in respect of trademark and brand protection legislation and could thus be used by anyone.

Cover image: www.ingimage.com

This book is a translation from the original published under ISBN 978-620-2-06708-9.

Publisher:
Sciencia Scripts
is a trademark of
Dodo Books Indian Ocean Ltd. and OmniScriptum S.R.L publishing group

120 High Road, East Finchley, London, N2 9ED, United Kingdom
Str. Armeneasca 28/1, office 1, Chisinau MD-2012, Republic of Moldova, Europe
Printed at: see last page
ISBN: 978-620-7-92194-2

Índice

H. N. Dubitskaya

Produção de cerâmica nas terras da Bielorrússia no século VII a.C. - I milénio.

T.I. Levkova dedica-se

Introdução

O artigo aborda as questões da tecnologia de produção de cerâmica no território da Bielorrússia na Idade do Ferro e no início da Idade Média. A cerâmica é o material arqueológico mais maciço da camada cultural dos monumentos antigos. Contém informações culturais, cronológicas e, em certa medida, étnicas significativas e é uma das fontes materiais mais fiáveis, especialmente quando se estuda o período pré-escrito. Para além disso, a cerâmica é o primeiro material criado pelo homem e a produção de cerâmica é uma das mais antigas indústrias especializadas. É dada especial atenção aos esquemas técnicos e tecnológicos relacionados com a seleção de matérias-primas, a composição das massas de moldagem e as condições de cozedura. Pela primeira vez na arqueologia bielorrussa, a investigação exaustiva sobre a cerâmica antiga utilizando os métodos das ciências naturais permitiu reconstruir a história da cerâmica antiga na Bielorrússia com muito maior exatidão. A investigação foi efectuada de acordo com a metodologia desenvolvida especialmente para a cerâmica arqueológica por T. I. Levkova.

Os arqueólogos bielorrussos mostraram interesse pelas peculiaridades tecnológicas da antiga produção de cerâmica, mesmo nos anos anteriores à guerra. As descrições do material cerâmico efectuadas por A. N. Lyavdanski, A. D. Kovaleni, S. A. Dubinski e V. Golubovich foram particularmente minuciosas. Tentaram, tanto quanto possível, na medida em que a observação visual e o nível de desenvolvimento de conhecimentos especiais sobre cerâmica o permitiam, registar as características tecnológicas da composição das massas cerâmicas, bem como as condições e peculiaridades da cozedura dos produtos. O interesse pelo aspeto técnico e tecnológico do estudo da produção cerâmica aumentou especialmente nos anos do pós-guerra. No entanto, apesar de as cerâmicas antigas, incluindo as da Idade do Ferro, terem sido objeto de estudo de vários arqueólogos (Y. V. Kukharenko, P. N. Tretyakov, O. N.

Melnikovskaya, L. D. Pobolya), não foi possível traçar a história do desenvolvimento da produção cerâmica. A principal razão foi a falta de um estudo profundo e completo das características tecnológicas da cerâmica, utilizando uma variedade de métodos de investigação modernos. Com exceção de casos isolados (A. A. Bobrinsky, O. Y. Krug, M. I. Loshenkov, M. A. Kulkova), os aspectos tecnológicos da produção de cerâmica continuaram a ser considerados com base em observações visuais, o que reduziu consideravelmente a fiabilidade dos resultados e impossibilitou o rastreio da história do desenvolvimento da produção de cerâmica.

O artigo centra-se em materiais provenientes de sítios arqueológicos das regiões bielorrussas de Podneprovye e Polesie. Estes estudos de materiais do território da Bielorrússia permitem-nos compará-los com materiais simultâneos de outras regiões, cujo estudo foi realizado noutros laboratórios. Assim, estes materiais podem ser incluídos no amplo esquema de investigação sobre a produção cerâmica na Europa de Leste.

O presente documento reflecte o processo de formação, desenvolvimento, continuidade cultural e de produção da cerâmica das culturas da Idade do Ferro e da Idade Média na Bielorrússia. A produção de cerâmica na Bielorrússia começou já no Neolítico (IV-III milénios a.C.). As peças eram moldadas manualmente, sem a utilização de uma roda de oleiro. No entanto, já na fase inicial, a produção de loiça de cerâmica era uma produção especializada bastante desenvolvida. No Neolítico e na Idade do Bronze, os oleiros estavam bem orientados para a qualidade das argilas cerâmicas, preferindo, com base nas possibilidades técnicas existentes e na disponibilidade de matérias-primas naturais, argilas facilmente fusíveis de génese lacustre e aluvial (Alto Podneprovie, Polesie). Em Podvinje, no norte da Bielorrússia, predominavam as rochas argilosas lacustres-glaciares fortemente arenosas. Para a moldagem de composições de massas, foram amplamente utilizados componentes artificiais de espessamento, como areias de rocha cristalina e argila cerâmica triturada (fireclay). Os sistemas à base de grama e argila refractária são os mais antigos sistemas tecnológicos locais.

A cerâmica da Idade do Ferro caracteriza-se por uma significativa continuidade em relação a esquemas de produção anteriores. Os conhecimentos e as competências em matéria de tecnologia de moldagem e de cozedura adquiridos numa fase foram preservados e constituíram um dos componentes das tradições cerâmicas da fase seguinte. A mudança das tradições tecnológicas foi gradual. Ao mesmo tempo, foi um salto significativo no seu desenvolvimento, baseado em novas possibilidades técnicas e tecnológicas, permitindo elevar a olaria a um patamar superior de trabalho especializado. Foi durante a Idade do Ferro que, como resultado de uma maior diferenciação e especialização da produção cerâmica, surgiram formas especiais de organização do trabalho, que podem ser descritas como pré-craft.

§ 1 Produção de cerâmica nas tribos da cultura de Milogrado (séculos VII-III a.C.).

A cultura de Milograd é uma das mais antigas culturas arqueológicas da Idade do Ferro na Bielorrússia. A época da sua existência é dos séculos VII-III a.C. Os monumentos da cultura de Milogrado foram introduzidos no mundo científico nos anos 50 graças às investigações de O.N. Melnikovskaya [Melnikovskaya, 1967]. O estudo das antiguidades de Milogrado foi também efectuado por L.D. Pobol, M.I. Lobol e M.I. Lobol. Pobol, M.I. Loshenkov, A.A. Egoreychenko, S.E. Rassadin [Egoreychenko, 1996; Loshenkov, 1990; 1999; 2011; Pobol, 1983; Rassadin, 1989]. A área de distribuição dos monumentos da cultura de Milogrado no território da atual Bielorrússia ocupa a parte oriental da Polesie de Pripyat e o sul da bacia do Dnieper, incluindo o curso inferior do rio Berezina.

O fabrico de artigos de cerâmica pelas tribos da cultura de Milogrado era já uma produção suficientemente desenvolvida com esquemas tecnológicos estabelecidos. Os artesãos de Milogrado possuíam um certo conhecimento necessário sobre a argila, sobre a possibilidade e a necessidade do seu aquecimento para a obtenção de massas de moldagem especiais que melhor correspondessem aos parâmetros tecnológicos exigidos. Apesar de a cozedura ser efectuada sem equipamento especial de engenharia térmica, a sua capacidade de controlo é maior (obtenção de um ambiente de gás estável, observância do regime de temperatura necessário). Tudo isto indica um nível profissional bastante elevado dos oleiros de Milogrado.

Os oleiros de Milogrado, tal como na Øpoca anterior, continuaram a utilizar plÆstico mØdio facilmente fusível (a percentagem de aditivos naturais nᵃo plÆsticos Ø geralmente de 15-25 %), principalmente argilas hidrol½dicas pela sua composiçᵃo mineral. Em alguns casos, e apenas para o fabrico de vasos em miniatura, foram utilizadas rochas argilosas magras de origem lacustre (loams). A utilização generalizada de argilas hidrófobas lacustres e aluviais do período antropogénico tem uma base técnica sólida. Em primeiro lugar, estas argilas estão muito disseminadas e não é difícil encontrar os seus afloramentos perto de povoações. Em segundo lugar, tendo em conta os antigos métodos de cozedura, ou seja, a cozedura a fogo com as suas baixas temperaturas de cozedura (até 850°C), eram necessárias argilas de fusão fácil. Esta é a razão pela qual não foram utilizadas rochas argilosas de caulinite de alta qualidade que requerem temperaturas mais elevadas - superiores a 900°C. Aparentemente, a argila de caulinite refractária era utilizada apenas para a produção de cerâmica técnica (cadinhos, bancos).

Foi durante este período que se formou um esquema tecnológico comum para as diferentes regiões das tribos de Milograd (Alta Podneprovie, Polesie) - a receita para a massa de moldagem: argila + alcatrão + argila refractária. Surgem receitas com um novo tipo de ottoshchitel especial (minério de ferro de pântano triturado). As receitas simples (argila + alcatrão, argila + barro refratário) começam a desaparecer, sendo substituídas por receitas complexas multicomponentes à base de argila e de vários tipos de opacificantes especiais. Existe uma normalização dos métodos de aquecimento da massa de moldagem - o rácio de partes não plásticas (agente de aquecimento natural e artificial) e plásticas (aglutinante de argila) na massa de moldagem é de aproximadamente 1 : 2,5. A tecnologia de cozedura caracteriza-se pela estabilidade de temperaturas relativamente baixas (500-750°C) e por um ambiente de gás redutor.

A composição das massas de moldagem dos vasos de Milogrado caracteriza-se pela presença de impurezas calcificantes especiais de origem inorgânica. A impureza artificial mais antiga, amplamente difundida na cerâmica da Bielorrússia, é a rocha cristalina tresva. Como matéria-prima inicial para a sua obtenção, utiliza-se, em regra, o granito biotite comum - uma rocha bastante difundida no território da Bielorrússia em seixos e pedras e a mais fácil de triturar devido às suas propriedades físicas e mecânicas. O alcatrão de granito inclui fragmentos da rocha inicial e também grãos de componentes minerais do granito, isolados aquando da trituração. Trata-se principalmente de feldspatos, quartzo, biotite e, menos frequentemente, de moscovite. Tentou-se esmagar os grãos o mais fino possível, geralmente o tamanho dos grãos não excede 2-3 mm, o tamanho máximo dos grãos é até 5-7 mm. A percentagem de areias na massa de moldagem varia de 5 a 15 %, consoante a plasticidade da rocha argilosa inicial e a presença de outros componentes especiais de descasque. As aparas eram não só o mais antigo, mas também o principal aditivo especial de descasque na cerâmica da Bielorrússia. As inclusões angulares afiadas da argila criavam uma espécie de estrutura rígida do vaso, especialmente importante para a moldagem manual, e a argila ajudava a manter a forma do vaso durante a secagem. Estas qualidades permitiram que a soda de madeira fosse fixada de forma estável na cerâmica antiga durante muito tempo.

O segundo tipo de aditivo especial para o descasque, amplamente representado na cerâmica de Milograd, era o chamot. O chamot, tal como o alcatrão, tem raízes locais na cerâmica da Bielorrússia e era conhecido desde os oleiros da Idade do Bronze. O seu aparecimento está registado nos monumentos de Pripyat Polesie (Ozernoye) e de Upper Podneprovye (Prorva). A principal fonte deste aditivo, a julgar pelo grau de amorfização da matéria argilosa na sua composição, era o abate de cerâmica triturada ou os resíduos da produção de cerâmica. Ao contrário de outros aditivos inorgânicos especiais, a argila refractária, pela sua natureza, está relacionada com a massa de argila, o que lhe permite interagir melhor com ela. A particularidade deste aditivo é o facto de o chamotte poder ser moído muito finamente. As partículas finas de argila refractária "confundem-se" com a massa circundante, o que também implica que interagem ainda mais com o substrato principal durante a cozedura do produto. É igualmente importante o facto de estas propriedades do barro refratário permitirem atenuar a "rigidez" dos seixos, o que contribuiu sem dúvida para a obtenção de um fragmento de melhor qualidade. Como já foi referido, a argila refractária foi moída de forma bastante fina, o tamanho máximo das inclusões de argila refractária não excedeu 2-3 mm. A percentagem de partículas de argila refractária em receitas complexas na massa de moldagem dos vasos de Milograd era, em média, de 3-5 %. Isto acontece quando a argila refractária ocupa a segunda posição depois do alcatrão. Nas receitas simples (argila + argila refractária) e nas complexas, quando a argila refractária prevalecia sobre o alcatrão, a percentagem de argila refractária atingia 10-15 %.

Na cerâmica de Mylohrad, por volta da fase intermédia e final da existência da cultura (séculos IV-III a.C.), aparece um novo tipo de descascador inorgânico especial - o minério de ferro de pântano triturado. Este tipo de aditivo de farinha de aveia foi registado nesta época tanto nos monumentos de Mylohrad da Polesie de Pripyat (Lemeshevichi) como na Alta Podniprovye (Rassvet, Lyubny, Horodok, Otruby). O minério foi sempre um aditivo menor e só se encontra em receitas complexas. Aparentemente, o minério de pântano triturado desempenhava as mesmas funções que o barro refratário, ou seja, era um opacificante "suave". O fino grau de trituração do material, como no caso da argila refractária, predeterminava uma interação bastante forte com a massa de argila. Obviamente, é a semelhança das qualidades técnicas destes dois tipos de aditivos especiais para a oatmealização que explica o facto de raramente serem encontrados na mesma receita. Em todo o caso, nunca foram registados juntos na cerâmica de Milogrado. A percentagem de minØrio de turfa triturado, bem como de chamote, na massa de moldagem variava tambØm, em mØdia, de 3 a 5 %. O tamanho das maiores inclusões de minério não excedia 0,5-0,6 mm.

Para o complexo Milograd primitivo da Polesie de Pripyat (Lemeshevichi), foi registado um aditivo especial de calcificação sob a forma de areia de quartzo de grão grosso e grosseiro (até 1,3 mm) cuidadosamente calibrado, na quantidade de 15-18 %. Na cerâmica de Milograd da região do Alto Sub-Dnieper não foi registada qualquer mistura especial deste tipo.

Os esquemas tecnológicos mais antigos da olaria de Milogrado, cujas origens devem ser procuradas na época anterior, são os esquemas baseados no aglutinante de argila e dresva e no aglutinante de argila e chamotte. A receita mais antiga, que tem as suas raízes na cerâmica neolítica, é a receita argila + alcatrão. A presença de troncos na massa de moldagem é igualmente registada em todos os outros sítios neolíticos da Bielorrússia [Isayenko, 1972, p. 51; Kalechits, 1994, p. 1384; CharniauskC979, pp. 55, 61].

O esquema baseado em aglutinante de argila e chamotte aparece na Polesie de Pripyat no início da Idade do Bronze (Ozernoye, rio Oressa). Aparentemente, o aparecimento desta receita na região do Alto Podneprovye pertence à mesma época ou um pouco mais tarde. É muito provável que o aparecimento da chamotte na cerâmica da Bielorrússia não seja uma tradição introduzida, em especial nos territórios do sul das estepes florestais, onde estava muito difundida. A utilização da chamotte como aditivo calcificante especial é uma consequência do desenvolvimento da tradição tecnológica local. Deve-se à necessidade de atenuar a "rigidez" dos seixos. A argila refractária finamente moída era ideal para este fim. A utilização generalizada de argila refractária finamente moída é já notada na cerâmica de Milogrado.

Paralelamente, existiam receitas à base de dresva e chamotte como aditivos especiais de calcificação. No entanto, as receitas que utilizavam apenas argila refractária nunca foram, aparentemente, produzidas em massa. Nas receitas mistas, a argila refractária actuava geralmente como aditivo de descasque não essencial. É de notar que, na cerâmica de Milogrado, as receitas simples à base de aglutinante de argila e dresva ou chamotte estão a desaparecer. Estas são substituídas, já no início do período de Milogrado, por uma receita complexa formada na sua base: argila + barro + chamotte. Pouco a pouco, esta tradição adquiriu as características de um esquema tecnológico estável e, ocupando uma posição dominante na cerâmica das tribos da cultura de Milogrado, afastou as receitas simples não misturadas. No entanto, a tradição de utilizar receitas simples continuou a existir e, sem dúvida, coexistiu com receitas complexas durante muito tempo, o que demonstra o seu conservadorismo estável.

Regra geral, o principal aditivo especial para descascar na composição de uma receita complexa era normalmente a areia escura, a argila refractária ocupava a segunda posição. No entanto, a chamotte nem sempre era um aditivo secundário. Em alguns casos, a percentagem de argila refractária excede a da rebarba, o que é típico não só da Polesie de Pripyat, mas também do Alto Podniprovye, especialmente na sua parte sul (Staroye Krasne, Lubny, Lipnyaki). Esta diversidade explica-se, por um lado, pela proximidade da estepe florestal "fireclay" e pela influência da cerâmica das culturas do círculo cita e, por outro, pela formação incompleta da própria tradição.

A receita de argila + alcatrão + barro refratário é comum a toda a olaria de Milogrado. No Alto Podneprovye, foi formada com base na fusão de duas receitas simples: argila

+ alcatrão e argila + barro refratário, nas fases inicial e intermédia da cultura de Milogrado (séculos VII-IV a.C.). Em Pripyat Polesie, o processo da sua formação remonta a um período anterior - a cerâmica da Idade do Bronze. Em particular, a sua presença é registada na povoação Ozernoye da Idade do Bronze.

A tradição de fazer massas de moldagem com minério de ferro de pântano não tem, aparentemente, "raízes" na cerâmica das tribos de culturas arqueológicas anteriores. Ao mesmo tempo, não deve ser considerada como tendo sido introduzida do exterior. A receita à base de aglutinante de argila dresva e minério de ferro triturado de pântano aparece na cerâmica de Milogrado nas suas fases média e final (Rassvet, Lyubny, Gorodok, Otruby, Lemeshevichi) - séculos IV-III a.C. Trata-se, muito provavelmente, de uma tradição local, que surgiu com base na expansão das ideias sobre novos materiais de descasque. Para oatomizar a massa de moldagem, o minério de pântano era cuidadosamente triturado ou utilizava-se minério de terra. A trituração mais fina favorecia uma distribuição mais uniforme do aditivo na massa e, portanto, uma melhor interação com ela. Normalmente, este agente de limpeza era introduzido na massa cerâmica em pequenas quantidades, porque em grandes quantidades tem um efeito negativo nas propriedades da massa. O minério triturado era sempre incluído na receita mista como aditivo secundário e, aparentemente, tal como a argila refractária, cumpria a função de um amaciador "suave".

Em Pripyat Polesie, no complexo de Milograd primitivo da povoação de Lemeshevichi, foi registada uma receita à base de argila e areia cuidadosamente calibrada. A utilização de areia de quartzo para lavar a massa de argila é muito típica das culturas citas da zona de estepe florestal. É muito provável que a tradição de utilizar areia para moldar a cerâmica no território da Bielorrússia tenha uma origem meridional. No entanto, o pequeno número de receitas deste tipo atesta a sua influência insignificante na produção cerâmica local.

Entre as receitas individuais não correntes na olaria de Milogrado encontra-se também uma receita para fazer massa de moldagem a partir de uma argila natural sem aditivos artificiais (Liski). O material de partida era argila magra, próxima das lamas, com uma parte clástica natural que não era inferior a 35-40 %. Estas argilas eram utilizadas apenas para modelar vasos em miniatura.

Os oleiros de Milogrado coziam os seus objectos em fogueiras. A cozedura em fogueiras é o método de cozedura mais típico e mais difundido no território da cintura florestal da Europa Oriental na Idade do Ferro. No entanto, utilizando o equipamento de cozedura mais simples, os oleiros de Milograd obtinham artigos de qualidade suficientemente elevada que satisfaziam as características necessárias para o consumidor.

A cozedura na fogueira é evidenciada por baixas temperaturas, que, a julgar pelo grau de alteração da substância argilosa, variavam entre 500-700 (750)°C. Foi a cozedura em fogueira que levou à utilização de argilas de fusão fácil de composição mineral predominantemente mica hidratada. A utilização destas argilas permitiu aos oleiros de Milogrado produzir azulejos suficientemente resistentes a baixas temperaturas (até 800-850°C).

O ambiente gasoso em que se realizava a cozedura dos recipientes Milograd foi definido como oxidante - com um fornecimento suficiente de oxigénio do ar, e redutor - com um excesso de carbono. A utilização de dois modos de cozedura atesta um nível significativo de qualificação dos oleiros de Milogrado, uma vez que é extremamente difícil regular o modo de cozedura em condições de fogo. Regra geral, foi privilegiada a cozedura por redução. Isto deve-se ao facto de, num ambiente de gás redutor, o processo de sinterização ser mais profundo do que num ambiente oxidante à mesma temperatura. Num ambiente redutor, é necessário menos combustível, os requisitos de qualidade do combustível não são tão rigorosos e, mais importante, a queima redutora é mais fácil de controlar. A utilização generalizada da cozedura redutora na cerâmica de Milogrado era uma tradição tecnológica estável com raízes antigas na cerâmica de épocas anteriores. Uma existência tão estável é predeterminada e diretamente derivada da queima de fogo.

Ao longo de toda a existência da cultura de Milogrado (séculos VII-III a.C.), registaram-se mudanças complexas na tecnologia da produção cerâmica. Estas estão relacionadas não só com a acumulação de material de produção, mas também com o início da formação de novos princípios e condições para a organização do trabalho especializado. Novas formas de produção artesanal substituíram gradualmente a produção doméstica, que se tinha desenvolvido e florescido durante este período.

Um indicador tØcnico e tecnológico da olaria das tribos de Milogrado, que testemunha o nascimento do artesanato, Ø a criaçªo de um esquema tecnológico regional baseado no aglutinante de argila, alcatrªo e chamote, bem como a normalizaçªo das massas de moldagem. Foi ela que desempenhou o papel principal no aprofundamento da especialização do trabalho.

Podem distinguir-se duas fases principais no desenvolvimento da produção de cerâmica entre as tribos da cultura de Milogrado. A primeira fase está principalmente relacionada com a acumulação quantitativa de conhecimentos técnicos e tecnológicos, a segunda fase - com a transição gradual da quantidade acumulada para uma nova qualidade.

A primeira fase é a formação e o florescimento da produção doméstica (séculos VII - início do século III a.C.). Durante este período, continua a utilizar-se a tradição e formam-se novos esquemas tecnológicos. É formado um esquema tecnológico comum para as diferentes regiões de assentamento das tribos de Milogrado - a receita de argila + tara + argila refractária. Há uma normalização dos métodos de aquecimento das massas de moldagem. Na tecnologia de cozedura procura-se a melhor forma.

A segunda fase é o aparecimento de elementos de produção artesanal (século III a.C.). Durante este período, o aperfeiçoamento dos métodos técnicos continua. A criação de produtos com elevadas características de consumo em condições de base técnica primitiva pode testemunhar o aparecimento de mestres de elevada qualificação - oleiros profissionais.

A criação de um esquema tecnológico comum a todas as regiões da cultura de Milogrado unificou o processo tecnológico da olaria de Milogrado. A identificação de receitas únicas com a presença de outras misturas especiais de aveia, como a receita de argila + areia em Pripyat Polesie, não altera de modo algum a tendência geral de funcionamento e desenvolvimento da olaria de Milogrado no seu conjunto.

§ 2 Produção de cerâmica entre as tribos da cultura Zarubinets na Bielorrússia (século II a.C. - século I d.C.).

A cultura Zarubinets (séc. II a.C. - séc. I d.C.) é a que mais se aproxima das culturas da Europa Ocidental da Idade do Ferro Média em termos de nível global de produção relativamente elevado, abundância de metal na vida quotidiana e outros indicadores. A cerâmica tem uma originalidade especial. Toda a cerâmica de Zarubinets está dividida em duas categorias principais, de acordo com os métodos de tratamento da superfície: louça com lóbulos e sem lóbulos. Enquanto a cerâmica brilhante, especialmente a de fabrico elaborado, prevalecia nos cemitérios, a cerâmica sem brilho é caraterística das povoações. As vasilhas enfarinhadas das povoações caracterizam-se geralmente por uma qualidade de tratamento de superfície ligeiramente pior. Não são raros os recipientes cuja superfície é apenas ligeiramente vidrada, a chamada cerâmica sub-vidrada. Uma diferença tão significativa no carácter do tratamento de superfície dos recipientes em povoações e cemitérios explica-se pela sua finalidade. Os recipientes com tratamento grosseiro e pouco vidrados cumpriam as funções de utensílios de cozinha do quotidiano, enquanto a cerâmica vidrada era utilizada como louça de mesa e para fins rituais.

A área de distribuição dos monumentos Zarubinets clássicos no território da Bielorrússia é a Polesie Pripyat (variante Pripyat) e a parte sul da Podneprovie bielorrussa, até à foz do rio Berezina (variante Upper Dnieper). A norte da foz do rio Berezina, os descendentes dos Zarubinets clássicos começaram a instalar-se a partir da viragem da dC (monumentos pós-Zarubinets). Estabelecendo-se ao longo do rio Dnieper e dos seus afluentes, os Zarubinets entraram em contacto direto com a população anterior da cultura de Milogrado. No virar do século III para o século II a.C., a cultura de Milogrado encontrava-se em fase de extinção. No entanto, os descendentes da cultura de Milograd não desempenharam o último papel na formação das variantes bielorrussas da cultura de Zarubinets, incluindo o desenvolvimento da tecnologia de produção de cerâmica. Os oleiros de Zarubinets tomaram emprestados esquemas tecnológicos locais, que mais tarde substituíram os esquemas que tinham utilizado anteriormente. O principal esquema tecnológico da cerâmica de Zarubinets, bem como da época de Milograd, passou a ser a receita de argila + alcatrão + argila refractária.

Como matéria-prima argilosa inicial, os oleiros de Zarubinets utilizavam, em regra, as mesmas argilas aluviais lacustres médio-plásticas de origem antropogénica, principalmente de composição mineral hidroslúdica ou hidroslúdica-montmorilonítica. Em alguns casos, especialmente em Pripyat Polesie, pode estar presente a componente caulinite. Simultaneamente, a utilização de argilas com teor de caulinite na cozedura de fogo é indesejável, pelo que essas argilas, apesar das suas elevadas características técnicas, foram normalmente rejeitadas.

Por vezes, os oleiros de Zarubinets ainda utilizavam pedras de argila muito plásticas. Estas matérias-primas foram registadas na povoação e no cemitério de Chaplin, no sul da Bielorrússia. A sul da aldeia de Chaplin, perto da qual se situa o monumento arqueológico, ao longo da margem do rio Dnieper, são conhecidos afloramentos de argilas do Neogénico e do Paleogénico Superior. Estas rochas argilosas, que contêm uma mistura significativa de montmorilonite e de materiais mistos hidrolúdicos-montmorilonite, eram utilizadas pelos antigos oleiros para a produção de loiça lacada e, na sua maioria, não lacada. A percentagem de material clástico natural não excedia 3-10 %. Em Chaplin também só se utilizavam argilas da segunda zona de argilagem para a produção de loiça não vidrada - argilas comuns, principalmente mica hidratada na sua composição mineral, rochas argilosas de plástico médio (a percentagem de mistura clástica natural atingia 35-40 %). Também um dos vasos em miniatura foi moldado a partir de rochas argilosas magras de glaciares lacustres, cuja mistura clástica natural atingiu 60% (argila).

A julgar pelos materiais de Chaplin, foram utilizados materiais altamente plásticos com elevado teor de rochas argilosas para a produção de louça lascada e não lascada, e materiais medianamente plásticos, principalmente rochas argilosas de mica hidratada, apenas para a louça não lascada. Embora, por exemplo, na povoação de David-Horod (Pripyat Polesie), onde também se registou a utilização de argilas provenientes de dois barreiros com diferentes graus de mistura clástica natural na sua composição, não se observou essa preferência. Neste caso, as argilas de ambas as rochas argilosas foram utilizadas na mesma medida para a produção de louça não canelada e de louça flocada. De um modo geral, para o fabrico de louça de mesa e ritual de paredes finas e escamada, foram impostos requisitos mais rigorosos à matéria-prima argilosa: as argilas foram cuidadosamente misturadas, separadas das inclusões grosseiras e foram introduzidos aditivos especiais na forma finamente moída.

Os oleiros de Zarubinets, no território da Bielorrússia, utilizavam para a composição das massas de moldagem os mesmos aditivos espessantes especiais de origem inorgânica que os oleiros de Milograd. O principal aditivo de descasque era o alcatrão de granito. Os paralelepípedos de rochas cristalinas eram obtidos através da trituração de pedras e seixos de diferentes tamanhos. A julgar pelas alterações secundárias significativas dos feldspatos e da biotite na composição dos paralelepípedos, as pedras de granito envelhecido facilmente trituradas eram seleccionadas para a sua produção. Por vezes, foram utilizados gnaisses com biotite e arenitos instáveis para obter a gravilha. Para afinar a massa cerâmica para os vasos lobados, foi utilizada a argila cuidadosamente triturada, em que o tamanho máximo das inclusões não excedia 1,5-2,0 mm. O grau de pulverização dos recipientes intactos não foi tão profundo, chegando por vezes as inclusões a atingir 4,5-5,0 mm de secção transversal. A percentagem de silte nas massas de moldagem dos vasos de Zarubinets era, em média, de 5 a 20 %. O teor mais baixo de cascalho foi registado na povoação de David-Horodok (parte sul da margem direita do Pripyat Polesie) - 2-5 %, máximo 10 %. Isto deve-se ao facto de a tradição "fireclay" do sul predominar na cerâmica de David-Horodok, e o enxofre ocupar normalmente a segunda posição. O teor mais elevado é de 15 a 20% das massas de moldagem dos vasos Chaplin de Zarubinets (a sul da região bielorrussa de Podneprovye). A adição de uma quantidade tão grande de otoschitel especial atesta a elevada plasticidade das rochas argilosas iniciais, que é típica de Chaplin, uma vez que a proporção de partes não plásticas e plásticas na composição das massas de moldagem dos vasos de Zarubinets permaneceu a mesma que no tempo de Milograd - 1:2,5.

O chamotte ou otoshchitel cerâmico, como aditivo especial de otshchitelnye, estava muito presente na cerâmica de Zarubinets. Além disso, quanto mais a sul, maior a percentagem de chamotte. No século II a.C., a posição da chamotte era particularmente forte. - A viragem para o século I d.C. deu-se na Polinésia de Pripyat. Isto deve-se muito provavelmente ao poderoso impulso sulista, que foi trazido pelo povo Zarubin, estabelecendo-se no Dnieper e nos seus afluentes. Tal como anteriormente, a olaria era utilizada para produzir barro refratário, como o demonstram os resultados da dupla cozedura de partículas de barro refratário. Para a obtenção de argila refractária, era também utilizada argila seca, pré-cozida a temperaturas inferiores à temperatura de cozedura dos produtos. Em Pripyat Polesie (David-Gorod), para a obtenção de otoshchitel cerâmicos, foram utilizados produtos de argilas relativamente refractárias (mica hidratada com uma mistura de componentes de caulinite-motnorillonite), cuja estrutura é fracamente perturbada pela cozedura repetida. A percentagem de chamotte nas composições das massas de moldagem dos vasos Zarubinets, em função da plasticidade do aglutinante argiloso e da presença de outros aditivos calcificantes, não excedia geralmente 3-5 %. A exceção é David-Gorodok, em cuja cerâmica o barro refratário era o principal aditivo - até 10 %. A dimensão das partículas de argila refractária não excedia 2,5-3,0 mm, sendo a mais frequente 1,0-1,5 mm. O opacificador cerâmico finamente moído "esbate-se" na massa de moldagem, melhorando assim as suas qualidades tecnológicas.

Na olaria de Zarubinets, em alguns monumentos, continua a ser utilizado minério de ferro triturado como uma mistura especial adicional. A tradição de utilizar minério triturado pode ter sido emprestada pelos ceramistas de Zarubinets à população local da cultura de Milograd. É possível que os Zarubinets a tenham trazido consigo. Em todo o caso, esta mistura é conhecida na cerâmica Zarubinets da região do Médio Sub-Dnieper. No entanto, S. P. Pachkova, que estudou a cerâmica Zarubinets da região do Médio Sub-Dnieper, acredita que este aditivo não era especial, mas natural. Ela argumenta que o conteúdo de minério no volume total da massa é insignificante, a sua adição à massa de moldagem não é típica da cerâmica Zarubinets [Pachkova, 1974, p. 114]. Este ponto de vista pode ser discordado: o minério foi sempre um aditivo especial secundário e foi introduzido em pequenas quantidades. Pelas suas características técnicas, o minério finamente moído é semelhante ao chamotte finamente moído, ou seja, é um opacificante "suave" que suaviza as propriedades duras do alcatrão. Em quatro monumentos (Pilipenkova Gora, Pirogov, Velikie Dmitrovichi, Lyutezh), na zona média de Podneprovye, foi detectada a adição de minério na massa de moldagem de vasos Zarubinets, tanto em artigos não revestidos como em revestidos. O minério foi encontrado em 36 casos de 200 (18 %) entre as amostras estudadas e em 12 casos de 150 (8,5 %) entre as escamadas [Pachkova, 1974, p. 114], pelo que dificilmente se pode falar do carácter aleatório desta mistura.

Na região do Alto Sub-Dnieper, o minério era especialmente utilizado para moldar massas de moldagem pelos oleiros da povoação de Chaplin para a produção de louça lacada e não lacada. A percentagem de minério de pântano nas massas de moldagem dos vasos de Chaplin era de 3-10 %, por vezes 15 %. Em geral, para os vasos Zarubinets, a quantidade de aditivo especialmente introduzido, como o minério de turfa triturado, variava nas massas de moldagem, assim como para os vasos Milograd, entre 3-5 %. Uma quantidade tão significativa de minério na massa de moldagem dos recipientes Chaplin dependia, obviamente, da qualidade das rochas argilosas altamente plásticas iniciais, que se caracterizavam por um baixo teor de mistura clástica natural - até 3-10 %. Para argilas hidroslúdicas mais finas, esta quantidade de minério na composição das massas de moldagem é inadequada. Tal como no período de Milogrado, o minério era moído muito finamente, até ao estado pulverulento, para ser adicionado à massa cerâmica, embora existam, especialmente nos recipientes de cozinha, inclusões bastante grandes - até 1,5-2,0 mm, em casos isolados até 4,0 mm.

No tempo dos Zarubinets, na cerâmica de Pripyat, aparecia um tipo de otoshchitel como argila seca ou fragmentos de vasos não queimados (Velemichi II, Lemeshevichi, Otverzhichi, Remel, Lemeshevichi, Gorodishche). O otoshchitel de argila era constituído por inclusões de rolos de argila seca. Trata-se de rolos de argila estanhada ou não estanhada de empacotamento denso, praticamente sem mistura de argila siltosa. Por vezes, foram utilizadas argilas refractárias de caulinite-montmorilonite, cuja estrutura se altera ligeiramente durante a cozedura. O tamanho das partículas de argila otoshchitel é de até 1,0-1,2 mm. A sua percentagem na composição das massas de moldagem é de cerca de 3%.

A tradição de utilizar otoshchitel de barro é de origem meridional. A sua utilização não é típica da cerâmica do Alto Dnieper. Durante a cozedura a baixas temperaturas, este tipo de opacificador permite transformações de temperatura quase simultâneas da massa de argila e do opacificador, ou seja, trata-se de um opacificador plástico macio.

A tradição de utilizar areia como componente especial para o descasque é também de origem meridional. Na cerâmica antiga da Bielorrússia, a utilização de areia como aditivo especial só é registada de forma fiável na Pripyat Polesie. As receitas à base de aditivo de areia são muito comuns na produção de cerâmica na zona de estepe florestal na Idade do Bronze e na Idade do Ferro inicial e ligam a tradição local de Pripyat aos esquemas de produção dos vizinhos do sul. Este tipo de otomana especial não é típico da cerâmica da região do Alto Podneprovye. A sua utilização é registada como um único caso na cerâmica do início de Milogrado nas aldeias polacas (Lemeshevichi).

A. A. Bobrinsky e O. Y. Krug assinalam a utilização de areia de quartzo como um dos protectores especiais mais comuns na composição das massas cerâmicas dos vasos Zarubinets de Pripyat Polesie. Em particular, O. Y. Krug observa que, aquando do fabrico dos vasos no cemitério de Otverzhichi, eram adicionados 10-15 % de areia quartzosa e 15-20 % de chamotte à massa dos vasos lacados, e cerca de 20 % de areia e 20 % de chamotte à massa dos vasos não lacados [Kasparova, 1976, p. 35-66]. A adição de areia fina é registada nas composições das massas de moldagem de vasos com e sem lóbulos em Velimichi-2 [Kasparova, 1972, 53-111] e Remel [Kasparova, 1987, p. 52-70]. Em geral, a areia foi cuidadosamente selecionada antes de ser utilizada como otoschitel especial, o que a distingue da mistura arenosa-siltosa natural não selecionada. No entanto, nem sempre é possível separar completamente o arenito-silte natural das impurezas de origem mineral especialmente introduzidas, em particular a areia. Tendo em conta este facto, deve reconhecer-se que a areia, como aditivo artificial de descasque na cerâmica de Pripyat Polesie na Idade do Ferro inicial, foi utilizada com muito menos frequência do que se pensava anteriormente.

Na cerâmica de Zarubinets do Médio Dnieper, para além do otoshchitel inorgânico, o otoshchitel orgânico era muito utilizado. Trata-se, antes de mais, de caules de plantas esmagados, de grãos de cereais e, por vezes, de ossos esmagados [Pachkova, 1974, p. 113]. O otoshchitel orgânico era utilizado com bastante frequência pelos oleiros Zarubinets da Polónia (Remel, Velemichi-2, Otverzhichi, Semuradtsy) [Kasparova, 1972, p. 69; 1976, p. 48-49   ; 1987, p. 67; Pobol, 1969, p. 121]. No entanto, é difícil avaliar a importância técnica deste tipo de otoshchitel, uma vez que não existem dados quantitativos sobre o seu teor na massa de moldagem. Para as cerâmicas Zarubinets da região bielorrussa do Sub-Dnieper, o otoshchitel orgânico não é aparentemente caraterístico. Apenas uma amostra de cerâmica de Chaplin contém a adição de ossos triturados, cujo teor não excede 1 %, o que não permite considerá-lo um opacificador especial. A mistura de plantas trituradas, como opacificante especial capaz de alterar as propriedades da massa de moldagem, também não é caraterística da cerâmica da Idade do Ferro da região do Alto Sub-Dnieper.

A cerâmica das tribos da cultura Zarubinets caracteriza-se, por um lado, pela preservação e desenvolvimento das técnicas tradicionais e, por outro, pelo aparecimento de novas técnicas associadas à introdução de novas tradições tecnológicas na cerâmica local. A olaria de Zarubinets na Bielorrússia, bem como no período de Milogrado, caracteriza-se por receitas feitas à base de argila aglutinada com a adição de grãos de rocha cristalina e chamotte. A par das receitas simples: barro + alcatrão e barro + chamotte, está generalizada a receita complexa: barro + alcatrão + chamotte, cujas origens devem ser procuradas na cerâmica da Idade do Bronze [Kryvaltsešč, 1999, p. 42-43]. Como receita regional, desenvolveu-se na época de Milogrado, na fase intermédia do desenvolvimento cultural. Foi na época de Zarubinets que se completou o processo de substituição das tradições de composição de receitas simples para massas de moldagem e de formação de receitas complexas com base nelas. Relativamente à receita complexa de toda a região: argila + alcatrão + argila refractária, em contraste com a época de Milogrado, na olaria de Zarubinets há uma mudança de prioridades na composição desta receita. Se na olaria de Mylohrad o principal componente era sempre o betão de granito, os oleiros de Zarubinets de Pripyat

Polesie preferiam, em alguns casos, o barro refratário. Este facto deve-se ao forte impulso meridional da "chamotte", trazido pelos Zarubinets. Simultaneamente, na Polesie existe também uma influência significativa das tradições do Alto Dnieper. Este facto manifesta-se, em primeiro lugar, na posição instável do barro refratário, que nunca conseguiu deslocar a dresva para a segunda posição. Existem monumentos, cujos esquemas técnicos e tecnológicos demonstram uma predominância estável da madeira flutuante (Lemeshevichi). Noutros monumentos (David-Gorodok, Gorodishche), a par de receitas com predominância de chamotte, coexistem receitas com diferentes proporções de dresva e chamotte. Verifica-se um claro reforço da tradição do "barro de fogo" de norte a sul.

A cerâmica de Zarubinets caracteriza-se igualmente por receitas com a presença de minério de ferro triturado. O minério actuou sempre como um agente espessante adicional. É um opacificante "caprichoso" e, em regra, era adicionado num estado muito finamente moído e em quantidades muito pequenas - não mais de 3-5 %. A única exceção é Chaplin, onde a percentagem de minério na composição das massas de moldagem, em especial dos recipientes não desenrolados, atinge 10-15 %. Este facto deve-se à utilização de argilas altamente plásticas com um baixo teor de otoschitel natural. A receita de base da cerâmica Chaplin é argila + alcatrão + minério. As receitas com a presença de minério não estão registadas em todos os monumentos. A utilização de um agente de aquecimento tão difícil do ponto de vista técnico como o minério de pântano testemunha a elevada competência profissional dos oleiros locais.

É de notar algumas particularidades na composição das receitas de massas de moldagem com minério de pântano triturado da Alta Podniprovye e da Pripyat Polesie. Se a receita: argila + alcatrão + minério está presente na olaria de ambas as regiões, em relação à receita: argila + alcatrão + argila refractária + minério há algumas particularidades na proporção de componentes especiais. Em particular, no Alto Podneprovie existem receitas complexas: argila + dresva + chamotte + minério e argila + dresva + minério + chamotte. A predominância da madeira de troncos nestas receitas deve-se ao facto de a cerâmica da Alta Podniprovie se caraterizar pela tradição de utilizar a madeira de troncos como principal componente de calcificação. Em Pripyat Polesie, o barro refratário é frequentemente utilizado como principal aditivo de descasque, enquanto a madeira de troncos e o minério ocupam a segunda posição.

No tempo dos Zarubinets, na cerâmica de Pripyat, aparece um tipo de otoshchitel como argila seca ou fragmentos de vasos não queimados - otoshchitel de argila (Velemichi II, Lemeshevichi, Otverzhichi, Remel). A utilização de otoshchitel de argila não é típica da cerâmica da zona florestal da Europa de Leste. Nesses locais, o papel de um abridor adicional "macio" era desempenhado pelo barro refratário e pelo minério. A tradição de utilização de otoshchitel de argila, bem como de areia, tem origem meridional e está ligada à tradição da floresta-estepe e da estepe meridional trazida pelo povo de Zarubinsk durante a sua colonização do Dnieper nos finais dos séculos III e II a.C. Na composição das massas de moldagem, a argila otoshchitel substituiu a argila refractária e ocupou a segunda posição depois do alcatrão.

Quanto às receitas com a presença de farinha de aveia orgânica, é muito provável que este tipo de farinha de aveia não seja típico da olaria antiga da Bielorrússia. As inclusões de origem vegetal e animal registadas em pequenas quantidades (não mais de 1 %) nas composições das massas de moldagem não são capazes de afetar a qualidade da massa e, por conseguinte, não são um aditivo espessante especialmente introduzido para este fim. Talvez a sua presença na composição de massas cerâmicas de vasos antigos possa ser explicada pelo seu objetivo ritual.

No tempo de Zarubinets, tal como antes, a cerâmica era cozida no fogo, sem dispositivos especiais. A maior parte das vezes, a cozedura de louça lascada e não lascada tinha lugar num ambiente de gás redutor (fumo). O modo de cozedura oxidativo temperado é mais complicado, tem requisitos elevados em termos de qualidade do combustível, manutenção prolongada de uma temperatura estável, etc. O modo de cozedura era geralmente definido e dependia de muitos factores: a qualidade e a espessura dos recipientes, a qualidade do combustível e o fator das tradições culturais e tecnológicas desempenhavam um certo papel. A temperatura de cozedura era determinada pelos oleiros antigos "a olho". Aparentemente, os mestres determinavamna pela cor da cozedura e pela própria chama. Cozedura sem dispositivos especiais, utilização de argilas de fusão fácil, baixas temperaturas e ambiente de gás redutor - a cadeia tecnológica da olaria da cintura florestal na Idade do Ferro da Europa Oriental.

O estudo da tecnologia dos complexos cerâmicos da cultura Zarubinets testemunha a preservação e o desenvolvimento das técnicas tradicionais e o aparecimento de novas técnicas associadas à introdução dos seus próprios métodos tecnológicos. A principal direção das mudanças na produção de cerâmica neste período é a melhoria da tecnologia de processamento da matéria-prima e da superfície dos recipientes, bem como a procura de condições óptimas de cozedura. Ao mesmo tempo que se mantém a diversidade de métodos técnicos na transformação das matérias-primas, são identificadas e funcionam ativamente tradições tecnológicas geralmente reconhecíveis com uma vasta esfera de difusão.

§ 3 Produção de cerâmica entre as tribos da cultura cerâmica Hatch (séc. V a.C. - séc. V d.C.).

A cultura da cerâmica sombreada é uma das maiores e mais antigas culturas arqueológicas da Idade do Ferro e ocupa uma grande parte do território das modernas Lituânia, Letónia e Bielorrússia. No território da Bielorrússia, os monumentos da cultura da cerâmica de Hatch estão concentrados na parte central da Bielorrússia, incluindo o Alto Poneman, a fronteira oriental corre ao longo do curso médio e superior do rio Berezina, no sul os monumentos da cultura da cerâmica de Hatch atingem a margem esquerda do rio Pripyat.

Infelizmente, a tecnologia de produção de cerâmica entre as tribos da cultura da cerâmica de incubação não foi estudada especificamente. Apenas foi estudada uma pequena coleção de cerâmica de uma das povoações mais meridionais da cultura da cerâmica de incubação, a povoação de Ivan (margem esquerda do rio Pripyat). Em geral, as questões relativas à tecnologia da cerâmica são apresentadas com base em observações visuais.

Os oleiros das tribos da cultura da cerâmica Hatch na Bielorrússia, nas partes sul e central da área cultural, utilizavam argilas aluviais lacustres, principalmente de composição mineral de mica hidratada. É a componente mica hidratada que determina a elevada plasticidade e fusibilidade das matérias-primas argilosas, qualidades tão necessárias para a cerâmica antiga. Nas partes setentrionais da zona predominam as rochas argilosas mais magras de origem lacustre-glaciar.

De acordo com as observações visuais e a análise mineralógica e petrográfica das amostras de cerâmica, a principal mistura calcária especial nas massas de moldagem dos recipientes cerâmicos era o cascalho de rocha cristalina. A julgar pela composição dos componentes (feldspatos, quartzo, mica), o granito biotítico vulgar, frequentemente com um elevado teor de biotite, uma mica de cor escura, foi utilizado como rocha de origem para a produção da tresva. Em termos de granulometria, o alcatrão subdivide-se em fino e médio (até 1,9 mm) e grosso (mais de 2,0 mm). Alguns investigadores consideram que a dimensionalidade das areias é um traço tecnológico caraterístico de um determinado grupo de monumentos, ou mesmo da região [Egoreychenko, 2006, p. 73]. Assim, na zona norte da cultura da cerâmica sombreada (leste da Lituânia, sudeste da Letónia) prevalece a areia grosseira [Bobrinsky, 1978, p. 247; Vasks, 1991, pp. 67, 69], quanto mais a sul, mais fina é a areia na massa de moldagem [Egoreichenko, 2006, p. 73]. De facto, a dimensionalidade da dresva não é uma caraterística de produção cultural-territorial na cerâmica antiga. Em primeiro lugar, no norte da Bielorrússia, bem como no território da Lituânia oriental e do sudeste da Letónia, foram utilizadas rochas argilosas magras e fortemente arenosas de origem glaciar lacustre. Muitas vezes, o agente de aquecimento natural não plástico nessas argilas pode atingir 50-60%, o tamanho das inclusões minerais variava de fino a grosso e de grão grosso - até 1,0-1,5 mm, com uma parte considerável de material de tamanho grosso. Os grãos mais finos do otosquista natural são praticamente não enrolados, os grãos maiores correspondem a formas angulosamente enroladas e semi-enroladas. A distribuição da mistura clástica natural é geralmente uniforme. Um grau notável de peletização e uma distribuição uniforme são os principais indicadores que permitem distinguir os grãos de otosquite natural dos grãos de rochas cristalinas libertados durante a trituração, que foram especialmente introduzidos na massa de moldagem; no entanto, é frequentemente difícil distinguir o otosquite natural da mistura não plástica especialmente introduzida. Nas regiões meridionais da Bielorrússia, as argilas plásticas de origem aluvial lacustre são comuns, principalmente com composição mineral de mica hidratada e granulometria mais fina do opacificador natural. Em segundo lugar, a dimensionalidade dos alcatrões também dependia do objetivo funcional do recipiente. Para o fabrico de vasos de paredes finas, a argila era especialmente temperada, limpando as inclusões grosseiras, razão pela qual a massa desses vasos se caracteriza por uma amassadura cuidadosa e por impurezas de têmpera de tamanho fino. Este facto é especialmente caraterístico da louça de mesa e da louça ritual.

O segundo aditivo especial de descasque encontrado na massa de moldagem dos vasos da cultura de cerâmica de incubação era o barro refratário. A utilização de argila refractária não é típica das regiões setentrionais da Bielorrússia e dos Estados Bálticos. A utilização de barro refratário nas regiões meridionais está relacionada com a influência das tradições locais do sul, que se formaram nos territórios meridionais da Bielorrússia moderna na Idade do Bronze. O ímpeto adicional do "barro refratário" na cerâmica local foi introduzido no final do século III - início do século II a.C. pelas tribos Zarubinets. A fixação da população da cultura da cerâmica sombreada entre as tribos locais pré-lessianas e polacas deixou a sua marca nos padrões de produção tradicionais. Na olaria, isso manifestou-se na utilização da chamotte como um dos componentes de receitas complexas.

Regra geral, a chamota era adicionada em pequenas quantidades (cerca de 3 %) (Ivan) e finamente moída (até 1,0 mm, no máximo). A adição de chamotte como parte da massa de moldagem foi registada no povoado de Palitskoe [Loshenkov, 2000, p. 126]. Uma pequena adição de chamotte finamente moída não alterou radicalmente a tradição estabelecida do "driftwood" e, ao mesmo tempo, constituiu uma ilustração da adaptação de tradições de produção estrangeiras às locais.

No norte da região de distribuição dos monumentos da cultura da olaria sombreada, constatou-se a presença de aditivos orgânicos (estrume) nas composições das massas de moldagem, principalmente na Lituânia e no sudeste da Letónia [Bobrinsky, 1978, p. 247; Vasks, 1991, p. 67]. Sabe-se que a introdução de otoshchitelnyh de origem orgânica reduz a contração da argila e confere maior leveza ao produto acabado. A utilização de um tal otoshchit é especialmente relevante para rochas argilosas pesadas siltosas de origem lacustre-glaciar, que eram comuns nesta região. Nas zonas onde eram comuns argilas mais plásticas de origem lacustre-aluvial, a utilização de um espessante deste tipo não é tecnicamente viável. Obviamente, neste contexto, esta tradição setentrional, difundida no ambiente fino-úgrico, não se propagou nas terras mais meridionais do território da Bielorrússia. A mistura de plantas trituradas, grãos individuais de cereais cultivados, frequentemente registada nas composições de massas de moldagem de vasos da Idade do Ferro, incluindo vasos da cultura de cerâmica de incubação, não tinha significado técnico devido à sua parte insignificante (cerca de 1 %) na composição total da massa cerâmica.

Em alguns monumentos da cultura de cerâmica sombreada, as inclusões de minério de ferro triturado como um dos componentes especiais de calcificação são registadas visualmente nas massas de moldagem (Palitskoe) [Loshenkov, 2000, p. 126]. As receitas que incluíam minério de ferro triturado apareceram na cerâmica de Milogrado não antes dos séculos IV-III a.C. Isto deve-se ao facto de o minério ser um otoschitel "caprichoso" e exigir competências especiais.

Posteriormente, os oleiros de Zarubinets aprenderam a trabalhar com minério de ferro de pântano. A utilização deste tipo de ottoxina especial não é, aparentemente, típica da olaria da cultura oleira de Hatch.

Como em toda a cerâmica da época da zona florestal da Europa de Leste, as tribos da cultura de cerâmica de Hatch dominavam a cozedura a fogo com baixas temperaturas (até 850°) e a predominância de um ambiente de gás redutor. A natureza do ambiente gasoso da cerâmica antiga é determinada pela fratura fresca do fragmento, porque como resultado da longa permanência do fragmento em camadas húmidas da terra há um processo de restauração da estrutura original da argila e a superfície dos vasos, inicialmente queimada na queima redutora, adquire uma cor clara. Se o grau de desidratação for muito elevado, os vasos antigos tornam-se semelhantes a uma cozedura fraca, embora, de facto, as temperaturas de cozedura fossem suficientes para obter um fragmento forte (acima de 500-550 ° C). A este respeito, é inadequado efetuar qualquer classificação da loiça antiga pela coloração da superfície [Egoreychenko, 2006, p. 25, 75].

De um modo geral, a cerâmica das tribos da cultura oleira de Hatch insere-se no quadro da tradição regional de produção de cerâmica típica da zona florestal da Europa de Leste. Esta tradição caracteriza-se pela utilização de areias de rocha cristalina como principal componente da massa de moldagem. O giz foi utilizado tanto em regiões com rochas argilosas lacustres-glaciares predominantemente magras (a parte norte da área da cultura de cerâmica sombreada) como em regiões com rochas argilosas lacustres-aluviais mais plásticas. A proporção de alcatrão depende do grau de silte da rocha argilosa original e da presença de outros componentes especiais de descasque na massa de moldagem. Aparentemente, uma receita simples, baseada num aglutinante de argila e numa massa de madeira, era dominante na cerâmica da cultura de olaria Hatch. As receitas complexas com vários componentes não eram comuns. Na região báltica da área da cultura e, possivelmente, nos sítios do extremo nordeste da cultura na Bielorrússia, foi adicionado estrume de ruminantes para tornar a massa de moldagem mais plástica. No extremo sul da zona de cultura (margem esquerda do rio Pripyat), a chamota foi adicionada às massas de moldagem em pequenas quantidades. A utilização de argila refractária está associada à fixação da população da cultura da olaria sombreada entre as tribos polacas locais. A influência das tradições locais de olaria não podia deixar de afetar os padrões tradicionais de produção de cerâmica da cultura de olaria Hatch.

§ 4 Produção de cerâmica entre as tribos da cultura Abidnya (III-V cc.).

O avanço da população pós-Zarubinets para norte, a montante do rio Dnieper, no início do 1º milénio d.C., e os contactos directos com a população indígena do Báltico levaram ao aparecimento de um novo maciço etnocultural nesta região, cujas tribos deixaram antiguidades do tipo Abidni. A nova comunidade cultural que se formou não perdeu os traços característicos das antiguidades Zarubinets, mas simplificou-os um pouco. Este facto é particularmente evidente no complexo cerâmico. O sortido de loiça, sobretudo de mesa, foi reduzido. Os jarros e as canecas com pegas praticamente desapareceram, as formas das tigelas foram simplificadas. Predominam os potes e os cestos de forma grosseira. A quantidade de louça lacada foi reduzida ao mínimo. Em média, em cada povoado, a quantidade de louça lacada e sub-lacada não excede 5%, e há monumentos onde foram encontrados apenas fragmentos lacados. A qualidade do brilho também se deteriorou consideravelmente.

O "engrossamento" da cerâmica não significou uma regressão na produção de vasos cerâmicos, nem a perda dos conhecimentos tecnológicos que os Zarubinskis trouxeram consigo. Na ausência de uma roda de oleiro e na presença apenas dos dispositivos de cozedura mais simples, criaram loiça de alta qualidade e cómoda e satisfizeram plenamente as necessidades da população. A interação das tradições culturais locais e estrangeiras não se limitou a manifestações externas - novas formas de cerâmica, joalharia, etc. -, mas reflectiu mudanças profundas gerais em diferentes esferas da cultura material - metalurgia, cerâmica, etc. - e contribuiu para a aceleração do seu desenvolvimento. Sabe-se que um determinado nível histórico de desenvolvimento da produção é particularmente indicativo da estabilidade na escolha do material, bem como da estabilidade das técnicas

As competências foram muitas vezes mantidas e incorporadas na produção local. Quando as tribos ou os grupos populacionais se deslocam para outros territórios, esses conhecimentos são muitas vezes conservados e incorporados na produção local. Na produção cerâmica, tratava-se, em primeiro lugar, da escolha das matérias-primas, da seleção dos aditivos calcários e das receitas das massas de moldagem.

Os oleiros de Abidnensky utilizavam as mesmas argilas locais, principalmente de composição mineral de mica hidratada, tanto para a produção de louça não revestida como para a produção de louça revestida. Normalmente, trata-se de argilas de fitas lacustres e aluviais (devido à acumulação sazonal de material) de idade antropogénica, cuja mistura de material clástico não plástico, definido como aquecedor natural, não excede 30-40 %. De acordo com as suas propriedades, são matérias-primas adequadas para o fabrico de produtos cerâmicos.

Os oleiros de Abidnya acrescentavam à massa de argila granito, argila refractária, minério de pântano triturado (limonite) como aditivos artificiais. As receitas simples, constituídas por um aglutinante de argila e um aditivo especial, já não se encontram na cerâmica da cultura Abidnya. Todas as receitas de massas de moldagem são multicomponentes, ou seja, para além do aglutinante de argila, contêm simultaneamente vários aditivos inorgânicos. Tal como nos tempos anteriores, o principal aditivo especial para o descasque continua a ser o areeiro. Juntamente com as receitas comuns de Zarubinets de argila + cataplasma + chamotte e argila + cataplasma + minério, a receita de argila + cataplasma + minério + chamotte difundiu-se neste período. Obviamente, os autores desta receita eram oleiros de Milogrado e o seu aparecimento, aparentemente, pertence a um período não anterior aos séculos IV-III a.C., pois foi nesta altura que apareceram receitas com minério na cerâmica de Milogrado. Ao contrário da receita mais difundida de barro + dresva + minério, a receita de barro + dresva + minério + argila refractária do período de Milogrado é representada por casos isolados (Ramos). Também não era muito popular entre os oleiros das tribos da cultura Zarubinets. E só na olaria da cultura Abidnya é que esta receita se torna a mais difundida.

Apesar da utilização bastante generalizada de minério de ferro triturado como opacificador especial na cerâmica das tribos da Idade do Ferro da região de Podneprovye da Bielorrússia, as receitas com minério não estão representadas em todos os monumentos. Assim, por exemplo, no tempo dos Zarubinets no assentamento

Chaplin e mais tarde, no segundo quartel do 1º milénio dC. - No povoado de Abidnya, as receitas com minério de pântano triturado eram absolutamente predominantes, ao passo que não foram encontradas em monumentos vizinhos, como o simultâneo Abidnya Simonovichi. Obviamente, a razão para este facto não é apenas a presença de matérias-primas para otoshchitel perto das povoações, mas também algumas peculiaridades tecnológicas locais. Além disso, o barro e o minério desempenhavam as mesmas funções tecnológicas e eram permutáveis.

Para serem utilizados como opacificantes especiais, os barros e os minérios eram geralmente finamente moídos. A utilização de otoshchitel finamente moído é caraterística da olaria de Zarubinets, especialmente na produção de louça lascada. A chamota e o minério eram especialmente finamente triturados, uma vez que era impossível triturar alcatrão de rocha cristalina até à forma de pó com os dispositivos técnicos existentes na altura. A utilização de otoschitel macio finamente triturado, como o barro refratário e o minério, era de grande importância técnica. As partículas finas deste tipo de otoschitel são "borradas" no substrato argiloso circundante, o que atesta a sua interação ativa com a massa circundante durante o processo de cozedura.

Os oleiros de Abydno, tal como os seus antecessores, coziam a cerâmica em fornos abertos. Este dispositivo de cozedura não difere, de facto, de um fogo comum. Não está protegido por quaisquer estruturas que o protejam ou que, de alguma forma, limitem a área de cozedura. Trata-se de fornos abertos ao nível do solo e de fornos abertos em cavidades. Este método de queima é predominante na Idade do Ferro da cintura florestal. A queima em poços de fogo é evidenciada tanto pelas baixas temperaturas de queima como pelo ambiente de gás instável. Não se exclui a possibilidade de terem sido utilizados dispositivos de tipo um pouco diferente para a cozedura de redução, que funcionalmente gravitavam em torno de fornos fechados de câmara única, ou seja, a zona de cozedura era parcial ou totalmente coberta por uma cobertura externa estável (pelo menos durante o tempo de cozedura). Aparentemente, a maioria dos fornos fechados de câmara única podia ser utilizada não só para a cozedura de cerâmica, mas também para outros fins, embora alguns possam ter servido apenas para a cozedura de cerâmica.

A cerâmica das tribos Abidni ilustra a síntese das realizações dos seus antecessores. Apesar de, neste período, se registar uma forte redução da produção de louça lacada, conservam-se os conhecimentos desenvolvidos no seu fabrico. Este período assistiu à consolidação definitiva do papel do alcatrão como principal aditivo de descasque, à expansão da gama de aditivos de descasque numa receita, à utilização alargada e diferenciada de agentes de descasque finamente moídos (minério, argila refractária) e à melhoria do tratamento térmico da cerâmica.

A Dresva e as receitas nela baseadas dominaram a cerâmica das tribos da cultura vizinha Abidnya, culturas arqueológicas do segundo quartel do 1.º milénio d.C. da cintura florestal - as fases tardias da cerâmica sombreada e Dnieper-Dvinsky [Mitrofanov, 1978, p. 29, 100; Schmidt, 1992, p. 94-95] e depois formaram na sua base as culturas arqueológicas Banzerovo e Tushemlyan do terceiro quartel do 1.º milénio d.C. [Krenke, Lopatin, 1997, p. 64; Lopatin, 1987, p. 85-91, 184-1181; Shadyra, 2006, p. 78]. [Krenke, Lopatin, 1997, p. 64; Lopatin, 1987, pp. 85-91, 184-188; Shadyra, 2006, p. 78]. A tradição de utilizar o alcatrão como principal componente especial das massas de moldagem é preservada no Alto Podneprovie e na produção de cerâmica entre as tribos da cultura Kolochin [Lopatin, 1987, p. 85-91, 184-188; Makushshkau, 1985, p. 6; Makushnikov, 2016, p. 28].

§ 5 Produção de cerâmica entre as tribos do terceiro quartel do primeiro milénio A.D. no território da Bielorrússia.

Infelizmente, os aspectos tecnológicos da produção de cerâmica nas tribos do terceiro quartel do 1º milénio d.C. na Bielorrússia (culturas arqueológicas de Praga, Kolochin, Bantser e Tushemlyan) não foram especificamente considerados. Só podemos avaliar o nível da cerâmica destas tribos através de observações visuais fragmentárias. No entanto, é impossível ignorar a consideração das peculiaridades do processo tecnológico de produção de cerâmica nestas tribos. Isto é especialmente relevante para o sul do território da Bielorrússia, onde, em resultado da influência da Praga eslava (antiguidades do tipo Korczak no território da Polesie Pripyat) nas tradições locais de cerâmica, o "conflito" de produção entre dresva e chamotte agravou-se significativamente. É de notar que esta situação se verificou não só na Polinésia de Pripyat, onde a luta pela prioridade entre as tradições "fireclay" e "dresvyat" tem uma longa história, mas também no Médio Podneprovie, onde as tradições fireclay costumavam prevalecer. A julgar pelas observações visuais, é a predominância da madeira flutuante na composição das massas de moldagem que se revela em muitos monumentos de Praga da Polesie de Pripyat (Petrikov, Snyadin-1, Snyadin-2) [Vyarhei, 1999, p. 325]. Um quadro semelhante foi observado na cerâmica da cultura vizinha de Kolochyn [Makušškau, 1999, p. 354]. Na área da cultura Penkovo - no Médio Podneprovye e Podesenye - os oleiros locais também utilizavam não só chamotte, mas também troncos de árvores quando fabricavam massas cerâmicas [Prikhodniuk, 1998, p. 33].

A utilização de chamotte como opacificante especial na composição de massas de moldagem tem raízes antigas na cerâmica da Polesie de Pripyat - da Idade do Bronze (primeira metade do segundo milénio a.C.). Nas regiões meridionais da Bielorrússia Central, o chamotte aparece como uma influência das tradições de produção do sul; quanto mais para norte, mais fraca é esta influência. O chamote não era utilizado na cerâmica das terras do norte da Bielorrússia. Só depois da viragem para o século XX, com a extinção da cultura clássica de Zarubinets, o panorama da produção de cerâmica na Bielorrússia começa a mudar. O chamote nunca se tornou o principal aditivo especial na cerâmica de nenhuma das culturas da Idade do Ferro na Bielorrússia. Após a viragem da Idade do Ferro, o chamote na cerâmica bielorrussa antiga perde rapidamente a sua posição. Se, no período Zarubinets, o chamot prevalecia num certo número de monumentos da Polésia de Pripyat, especialmente no extremo sul da margem direita do Pripyat (David-Gorod), não é típico da cerâmica da cultura de Praga.

No centro e no norte da Bielorrússia, no terceiro quartel do primeiro milénio d.C., continuou a existir a antiga tradição da "madeira" estabelecida na cerâmica. A cerâmica da cultura Kolochi, que se formou com base nas antiguidades Abidni, absorveu as tradições de produção dos seus antecessores. Aparentemente, a receita principal para a moldagem de massas na olaria de Kolochi continuou a ser, tal como no caso dos seus antecessores, a receita de argila + torrão + argila refractária. O Chamotte era o principal aditivo especial. Nªo estÆ excluída a utilizaçªo de minØrio de turfa triturado como aditivo especial nªo principal.

A cerâmica da cultura Banzer era uma continuação das tradições da cultura da cerâmica sombreada e da cerâmica do Dnieper Dvina, que era indiscriminadamente dominada pela tradição "driftwood". A utilização de chamotte como aditivo especial não essencial em receitas complexas de múltiplos componentes na cerâmica Banzer continua a ser questionável. Sabe-se que, na olaria da cultura de olaria sombreada, a chamotte como parte de receitas complexas é encontrada no sul da área sob a influência das tradições Zarubinets e pós-Zarubinets.

Não é de excluir que esta tradição tenha sido transferida para a cerâmica Banzer, especialmente no sul da região. A utilização de areia como aditivo especial para o descasque [Shadyra, 2006, p. 72] não era provavelmente generalizada.

As condições de cozedura da cerâmica no terceiro quartel do 1º milénio d.C. na Bielorrússia permaneceram inalteradas. A louça continuou a ser cozida em condições de fogo. Este facto é evidenciado por um grau moderado de alteração da matéria-prima argilosa, que ocorre a baixas temperaturas de cozedura de 500-700 (750°C). O ambiente de gás predominante na cozedura, tal como no período inicial, era um ambiente de gás redutor.

Assim, a cerâmica das culturas do terceiro quartel do primeiro milénio d.C. no território da Bielorrússia (Praga, Kolochi, Banzer) conservou, em geral, as tradições formadas pelos seus antecessores. O esquema regional baseado num aglutinante de argila, alcatrão e chamote, que surgiu e finalmente se consolidou na olaria de Milograd por volta do século III a.C., caracterizou-se por uma estabilidade de produção excecional e uma ampla aplicação. A Taresva reforça a sua posição como principal aditivo especial na composição da massa de moldagem. A utilização de granito triturado como opacificante artificial revelou-se um aditivo adequado às rochas locais, predominantemente argilosas, o que permitiu que esta tradição se estabelecesse de forma sólida e permanente na cerâmica de todas as culturas arqueológicas a partir do Neolítico. A utilização de areia de quartzo como aditivo especial de calcificação para a cerâmica não era caraterística de nenhuma cultura arqueológica. A mistura de areia definida visualmente como um opacificador artificial da massa de moldagem representa, na maioria das vezes, grãos isolados de migalhas de granito (dresva) ou mistura de silte arenoso, inicialmente presente na matéria-prima argilosa (opacificador natural da massa argilosa).

§ 6 Produção de cerâmica entre as tribos do último quartel do 1º milénio A.D. no território da Bielorrússia.

As questões relativas à tecnologia de produção de cerâmica entre as tribos do último quartel são analisadas com base nos materiais da cultura Luka-Rajkovetska no antigo povoado e no povoado Gorodishche (margem direita do rio Pripyat).

A julgar pelos materiais do povoado, os oleiros do último quartel do primeiro milénio d.C. utilizavam fontes de matérias-primas mais diversificadas, incluindo rochas argilosas com um elevado teor de componente caulinite-montmorillonite. Na maioria das vezes, estas argilas eram utilizadas para a preparação de um aditivo especial como a argila otoshchitel. De acordo com o grau de plasticidade, também é possível distinguir argilas de duas variedades, uma delas é altamente plástica com o conteúdo de mistura não plástica clástica fina natural não superior a 7-10%, a segunda - argilas plásticas médias mais finas com o conteúdo de otoshchitel natural 15-35%. As argilas do segundo tipo foram utilizadas com mais frequência.

Os principais aditivos especiais de descasque na cerâmica eslava do último quartel do 1º milénio d.C., bem como em períodos anteriores, são a poeira de areia e o barro refratário. A receita principal para as massas de moldagem continua a ser a receita de argila + pó de argila + argila refractária.

Simultaneamente, e ao contrário do que acontecia em épocas anteriores, são mais utilizados outros aditivos especiais para o descasque, nomeadamente o descascador de barro. A utilização de otoshchitel de barro é um traço caraterístico da cerâmica polaca. Este tipo de otomana não é típico da região de Podneprovie. O otoshchitel de barro apareceu na cerâmica de Pripyat já no tempo dos Zarubinets. Aparentemente, a sua utilização é uma tradição introduzida pelos Zarubinets na olaria local das regiões meridionais. Inicialmente, esta tradição de produção não foi muito utilizada. No entanto, gradualmente, a posição do otoshchitel de barro na cerâmica polaca foi-se reforçando. Já nos últimos séculos do primeiro milénio d.C. ocupava firmemente o seu lugar no esquema técnico e tecnológico geral da cerâmica local. Este facto está relacionado com as elevadas características tecnológicas da própria argila aberta e com a disponibilidade de matérias-primas para a sua produção. Como matéria-prima, utilizámos argilas em que a componente caulinite-montmorilonite estava presente em quantidade considerável, juntamente com a hidromica. As argilas de caulino são mais refractárias do que as argilas de hidromica, a sua estrutura altera-se de forma insignificante durante a cozedura. A argila otoschitel desempenhava as mesmas funções tecnológicas que a argila refractária e era um otoschitel "macio". A fusão das tradições de utilização da argila refractária e do opacificador de argila conduziu ao aparecimento da argila refractária de baixa temperatura, que é uma peça de rocha argilosa ou massa de moldagem, cozida a baixas temperaturas, que faz parte da melhoria do esquema tecnológico de produção de artigos de cerâmica. Não é de excluir que os oleiros antigos considerassem o barro cozido a alta e a baixa temperatura e o opacificador de argila como variedades de um único opacificador.

O minério de ferro triturado de pântano e a areia de quartzo continuaram a ser utilizados ocasionalmente como agentes de lixiviação especiais secundários. O minério de pântano finamente triturado como opacificador adicional era utilizado na cerâmica do Alto Dnieper e da Polesie e é conhecido desde o início do período Milograd. O minério de turfa triturado era utilizado como opacificante adicional "suave" em vez de chamotte, embora se conheçam receitas em que a chamotte e o minério eram utilizados simultaneamente.

A areia quartzosa foi utilizada na cerâmica polaca desde o início da época de Milogrado (Lemeshevichi), possivelmente ainda mais cedo. Tratava-se de um material calibrado de cascalho e areia, principalmente de dimensões grosseiras e grossas (até 2,0-2,5 mm). Este tipo de otoshchitel não é típico da cerâmica do Alto Dnieper do início da Idade do Ferro. Aparentemente, também não era comum na cerâmica polaca. O papel sobrestimado do otoshchitel arenoso como aditivo especial explica-se pela dificuldade de separar o aditivo arenoso especial da mistura arenosa-siltosa natural, especialmente durante o exame visual.

Os esquemas técnicos e tecnológicos da produção de cerâmica na Bielorrússia tornaram-se muito mais complicados no último quartel do 1º milénio d.C. em comparação com os períodos anteriores. A formulação de massas de moldagem foi consideravelmente alargada, especialmente nas regiões do sul. Em primeiro lugar, devido à expansão das receitas com a presença de otoshchitel de argila. No entanto, a tradição tecnológica geral foi preservada e reflectiu-se na preservação das posições de liderança da receita: argila + alcatrão + argila refractária. As posições principais desta receita foram preservadas na cerâmica da Bielorrússia durante toda a Idade do Ferro, observando-se apenas algumas diferenças na proporção de argila e chamote. Se na época de Milograd, tanto em Podneprovye como em Polesie, o principal componente especial da receita era o granito alcatrão, na época de Zarubinets os acentos mudaram um pouco. Isto deveu-se ao facto de as tribos Zarubinets, instaladas a montante ao longo do rio Dnieper e dos seus grandes afluentes (Pripyat, Berezina), terem trazido consigo a tradição de utilizar extensivamente a chamotte. No entanto, o esquema técnico e tecnológico baseado na predominância da madeira flutuante revelou-se sustentável. Na Alta Podneprovie conservou completamente as suas posições, na Pripyat Polesie, que se situa territorialmente mais perto da estepe florestal de argila refractária, coexistem receitas mistas com diferentes proporções de alcatrão e argila refractária. Uma situação semelhante na bacia de Pripyat foi observada no último quartel do primeiro milénio d.C.

Quanto ao otoshchitel de barro, a sua posição na cerâmica polaca no final do primeiro milénio d.C. foi consideravelmente reforçada. Enquanto no tempo dos Zarubinets apenas se regista com segurança uma receita com a presença de opacificador de argila - argila + dresva de argila + opacificador de argila, nos últimos séculos do primeiro milénio d.C. já se conhecem quatro receitas de massas de moldagem com opacificador de argila, com base no exemplo da cerâmica Gorodishche. Há uma receita simples: barro + abridor de barro e três receitas complexas: barro + barro refratário + abridor de barro; barro + aparas de madeira + barro refratário + abridor de barro; barro + abridor de barro + barro refratário + aparas de madeira + minério. Todas elas são baseadas em receitas locais.

A particularidade da olaria de Gorodishchensk neste período é a alteração da posição da otoshchitel de argila na composição de uma receita complexa. Se antes, no tempo de Zarubinets, a ottoxina de argila em todas as receitas multicomponentes estava presente como um aditivo menor, agora, em alguns casos, é o principal componente ottoxificante.

Na cerâmica das regiões mais setentrionais da Bielorrússia, no último quartel do primeiro milénio d.C., a mesma situação manteve-se. A dresva continuava a ser o aditivo de inclinação especial dominante. Mesmo a revolução radical na cerâmica da cintura florestal da Europa Oriental nos séculos IX-X (XI), ligada ao desenvolvimento da produção da roda de oleiro, não produziu alterações significativas na receita das massas de moldagem. Por exemplo, a cerâmica redonda primitiva da povoação de Chaplin (Podneprovye) tem a mesma receita que nos tempos de Milograd e Zarubinets - barro + argila + minério. Na cerâmica dos séculos X-XIII da antiga Novogrudok, a argila granítica finamente triturada era utilizada como principal mistura de massa de moldagem para todas as categorias de louça [Malevskaya-Malevich, 2005, p. 17]. Dresva é típica da cerâmica de outras cidades e povoações rurais dos séculos X-XIII na Bielorrússia.

Foi apenas no século XVI, quando a roda de oleiro de pé substituiu finalmente a roda manual, que se registaram mudanças no sentido de alinhar as características técnicas da roda com as propriedades tecnológicas da massa de moldagem. Nas massas cerâmicas, só se utilizam agitadores finos, a areia substitui progressivamente o alcatrão e generalizam-se os concentrados de argila formados por vários tipos de argila sem adição de impurezas não plásticas.

Este processo pode ser identificado no exemplo das cerâmicas medievais do nordeste da Bielorrússia, onde as principais impurezas de contração eram a areia e o barro refratário finamente moído [Levko, 1992, p. 11]. No entanto, o processo de substituição do alcatrão foi longo. Já nos séculos XVI-XVII, de acordo com os dados da análise mineralógica e petrográfica da cerâmica de Mogilev e Mstislavl, este tipo de agente de aquecimento era utilizado no fabrico de louça de regadio e de não regadio [Zdanovich, Trusau, 1993, p. 75]. A julgar pelos materiais etnográficos, a dresva ainda é utilizada na olaria artesanal da Bielorrússia [Miliuchenkov, 1984, p. 35].

No último quartel do 1º milénio d.C., as condições de cozedura permaneceram as mesmas. A cerâmica continuava a ser cozida em condições de fogo. Este facto é evidenciado pelo grau moderado de alteração da substância inicial, principalmente argila mica hidratada, como resultado da cozedura a baixas temperaturas - 500-700 (750) °. O meio gasoso predominante, tal como no período inicial, era o meio gasoso redutor de cozedura. Muitas vezes, o meio de cozedura é caracterizado como instável (fragmentos de duas ou três cores), o que é frequente no caso da cozedura com fogo. No final do 1º milénio d.C., a cozedura em forno substitui a cozedura em fogo. As temperaturas da cozedura em forno não diferem das da cozedura em fogo (até 850°C). No entanto, a cozedura em forno permite manter um ambiente gasoso estável, o que leva a uma calcinação mais uniforme do fragmento em toda a sua espessura e, consequentemente, à obtenção de produtos de melhor qualidade na saída. No entanto, as baixas temperaturas de cozedura não permitiam a cozedura de produtos fabricados com argilas refractárias de caulinite. Isto só se tornou possível com a difusão da cozedura em montanha. Em particular, a louça de barro branco fabricada com argila caulinítica, que se caracterizava por elevadas características de consumo, difundiu-se nos séculos XVI-XVII em muitas cidades de Pripyat Polesie (Pinsk, Turov, David-Horodok), perto das quais existem afloramentos de tais argilas.

Conclusão.

A produção de cerâmica na vida económica das tribos da Idade do Ferro ocupa um dos lugares mais importantes. É nas particularidades do desenvolvimento da produção cerâmica que se pode traçar o carácter do processo de aprofundamento da especialização da atividade produtiva no fabrico de produtos e a formação da mais progressiva forma de organização do trabalho para este período - o artesanato. Ao longo da Idade do Ferro e da Baixa Idade Média (meados do 1.º milénio a.C. - 1.º milénio d.C.), ocorreram mudanças complexas nas actividades de produção da população do território da Bielorrússia, relacionadas não só com o desenvolvimento progressivo, mas também com uma reestruturação interna gradual de toda a sua organização. Como resultado do aprofundamento da diferenciação e da especialização da produção cerâmica, foram identificadas formas de organização do trabalho que podem ser caracterizadas como pré-artesanato. Um momento importante na emergência das formas artesanais de trabalho foi a criação e consolidação de um esquema tecnológico de âmbito regional. No entanto, só com a introdução da base técnica necessária à existência do artesanato como forma de organização social da produção (roda de oleiro, fornos, cacos) é que a produção cerâmica se torna artesanal. No território da Bielorrússia, podemos falar de cerâmica como forma de produção artesanal a partir do final dos séculos IX-X.

Ao longo de toda a existência da produção de cerâmica, a partir do Neolítico, registou-se uma continuidade cultural e produtiva no território da Bielorrússia. Durante todo o período considerado, registou-se um fluxo de entrada e saída de população de diferentes origens étnicas na Bielorrússia. Cada novo afluxo de população chegou a estas terras com as suas próprias tradições de produção, incluindo a produção de cerâmica. Estas tradições de produção deram um novo impulso ao desenvolvimento da produção cerâmica local. No entanto, por outro lado, foram confrontadas com as tradições estabelecidas da antiga população, adaptadas às condições locais e às fontes locais de matérias-primas.

A fusão das tradições locais e introduzidas levou a que, muitas vezes, as tradições introduzidas perdessem a sua relevância e dessem lugar a tradições locais ligadas às condições e fontes de matérias-primas locais, noutros casos levou ao aparecimento de algumas novas tendências na tecnologia de produção de cerâmica. Um exemplo da primeira variante é a perda da posição da chamotte como principal componente de retração na cerâmica dos Zarubinets do Médio Sub-Dnieper, associada ao povoamento dos Zarubinets a montante do Dnieper e dos seus principais afluentes. A chegada dos Zarubinets à região do Alto Sub-Dnieper, onde durante muito tempo a receita da produção de cerâmica foi dominada pela chamotte, perfeitamente adaptada às rochas argilosas locais, de fusão fácil e maioritariamente hidratadas, não permitiu que a chamotte se deslocasse para a segunda posição. Por outro lado, os oleiros locais conheciam e apreciavam as excelentes propriedades tecnológicas da chamotte, o que acabou por levar à consolidação de uma receita regional: argila + alcatrão + chamotte. Na margem direita do rio Pripyat, o território diretamente adjacente à estepe florestal de "chamotte", a posição da chamotte na cerâmica local, a partir da Idade do Bronze, foi a mais forte. Este facto reflectiu-se na proporção de troncos e barro refratário na receita regional, quando o barro refratário ocupava frequentemente as primeiras posições na receita regional: barro + barro refratário + troncos. Um exemplo da segunda variante foi o aparecimento e a difusão na olaria Polesie Zarubinets de um tipo de opacificador como o opacificador de argila e, mais tarde, o aparecimento de um novo tipo de mistura opacificante especial como o barro refratário de baixa temperatura. A fusão das tradições de utilização do barro refratário e do barro de vazamento e o aparecimento do barro refratário de baixa temperatura fazem parte da melhoria do esquema tecnológico da produção de artigos de cerâmica. As qualidades tecnológicas do vazador de argila e do refratário de baixa temperatura eram tão semelhantes que os oleiros locais os consideravam como variedades do mesmo tipo de vazador especial.

Literatura:

1. Bobrinsky A.A. Pottery of Eastern Europe. Fontes e métodos de estudo / ed. por S.A. Pletneva. - Moscovo: Nauka, 1978. - 272 c.

2. Vasks A.V. Ceramics of the Late Bronze Age and Early Iron Age / ed. por J.J. Graudonis. - Riga: Zinatne, 1991. - 198 c.

3. Vyarhei V.S. ПОМНікі youpu Pray-Korchak i Luyu-Raikavetskaya // Archealoi Belarus u 4 t. / nauk. ed. B.1. Shadyra, V.S. Vyarhei. - Mshsk: Belarus. nauvuka, 1999. - T. 2: Zhalezny vek i early särädnya vechcha. - C. 317-348.

4. Egoreychenko A. A. As povoações mais antigas da Polónia bielorrussa (séculos VII-VI a.C. - século II d.C.) / ed. por V.V. Sedov. Sedov. - Minsk, 1996. - 148 p.: ill.

5. Egoreychenko A. A. Culturas de cerâmica sombreada. - Minsk: BSU, 2006. - 207 p.: ill.

6. Zdanovich N.1., Trusau A.A. Belaruskaya potvanaya keramzha XI- XVIII st.st. / editado por G.V. Shtykhav. G.V. Shtykhav. - Mshsk: Navuka i tehshka, 1993. - 183 p.: w.

7. Isayenko V.F. Cerâmica neolítica // Antiguidade bielorrussa. Materiais sobre a arqueologia da BSSR e de outros países: Coleção de artigos / editado por L.D. Pobal i sh. Pobal i sh. - Mshsk, 1972. - C. 45-68.

8. Kalechits E.G. Ceramics of the Upper Dnieper culture // Gyvenvieciu ir keramikos raida balta zemese: Collected articles / edited by A.Girininkas. - Vilnius: Savastis, 194. - C. 133-147.

9. Kasparova K.V. Zarubinetsky burial ground Velemichi // Coleção Arqueológica do Museu Estatal Hermitage. - Л., 1972. - Vyp. 14. - C. 53-111.

10. Kasparova K.V. Novos materiais do cemitério de Otverzhichi e algumas questões de cronologia relativa da cultura Zarubinets da Polónia // Coleção Arqueológica do Hermitage do Estado. - Л., 1976. - Vyl. 17. - C. 35-66.

11. Kasparova K.V. Zarubinets settlement Remel // Coleção Arqueológica do

Hermitage do Estado. - Л., 1987. - Vyp. 28. - C. 52-70.

12. Krenke N.A., Lopatin N.V. Estudo petrográfico de cerâmicas do assentamento de Dyakov e Tushemlya // Arqueologia Russa. - M., 1997. - № 1. - C. 60-67.

13. Krywalcavich M.M. Aziannoye-1 - uma povoação da Idade do Bronze na byunachy de Palesia // Mataryaly p archealogy Belarus / editado por A.G. Kalechyts. A.G. Kalechyts. - M1nsk, 1999. - Vyp. 2. - 108 c. ш.

14. Lashankou M.1. A cultura materna e a ocupação da população / Secção 2. As culturas Mshagrad e Pamor // Arqueologia da Bielorrússia U 4 vol. - T. 2: A Idade do Ferro e o início da Idade Média / editado por V.1. B.1. Shadyry, V.S. Vyarhei. - Mshsk: Belaruskaya nauvuka, 1999. - C. 46-70.

15. Lopatin N. V. V. Para a correlação da cerâmica das camadas superiores de Tushemli, Demidovka e Kolochin (experiência de atrair alguns dados sobre tecnologia) // Desenvolvimento socioeconómico das sociedades antigas e arqueologia: Coleção de artigos / ed. por V.S. Olkhovsky. - Moscovo: Instituto de Arqueologia, 1987. - C. 85-91, 184-188.

16. Levko O.N. Medieval pottery of north-eastern Belarus / editor científico G.V. Shtykhov. - Minsk: Navuka i tehshka, 1992. - 127 c.

17. Loshenkov M.I. Gorodishchi da cultura Milograd da parte oriental da Polesie bielorrussa: tese do autor ..., Cand. de Ciências Históricas: 07.00.06. - Kiev, 1990. - 22 c.

18. Loshenkov M.I. Palitskoe settlement // Is baltu kulturos istorijos. - Vilnius, 2000. - C. 125-140.

19. Loshenkov M.I. Mounds of the Milograd culture on the territory of Belarus. - Minsk: Fábrica de impressão a cores de Minsk, 2011. - 406 c.

20. Makushshkau A.A. Cultura Kalochyn // Archealopia Belarus U 4 vol. - T. 2: A Idade do Ferro e o início da Idade Média / editado por V.1. B.1. Shadyry, V.S. Vyarhei. - Mshsk: Belaruskaya nauvuka, 1999. - C. 348-359.

21. Makushnikov O. Gomel Podneprovye no século V - meados do século XIII. História sócio-económica, étnica e cultural. - LAP LAMBERT Academic Publishing, 2016. - 566 c.

22. Malevskaya-Malevich MV Cerâmica das cidades da Rússia Ocidental do X- XIII cc. / Ed. C. V. Beletsky. - Procedimentos. - VOL. XVII. - São Petersburgo: Editora Nestor-História, 2005. - 159 c.

23. Melnikovskaya O.N. The tribes of southern Belorussia in the Early Iron Age / ed. por Y.V. Kukharenko. - Moscovo: Nauka, 1967. - 194 p.: ill.

24. Milyuchenkov S.N. Belarusian folk pottery. - Minsk: Ciência e Tecnologia, 1984. - 183 p.: ill.

25. Mitrofanov A.G. Iron Age of Middle Belorussia (VII-VI centuries BC - VIII century AD) / ed. científica G.V. Shtykhov. - Minsk: Ciência e Tecnologia, 1978. - 160 p.: ill.

26. Pachkova S. P. Gospodarstvo Schechchnoslov'yanskikh tribes at the turn of our1 era (after the materials of Zarubinets culture) / ed. por V.Y. Dovzhenok. Dovzhenok. - Kshv: Naukova Dumka, 1974. - 135 c.

27. Prikhodnyuk O. M. Penkovo culture (cultural and archaeological aspect of research) / ed. por A.Z. Vinnikov. - Voronezh: Universidade de Voronezh, 1998. - 170 c.

28. Pobol L. D. New Zarubinets burial grounds in the Turovshchina / New data on the Zarubinets culture in the Podneprovie // Materials and studies on the archeology of the USSR / ed. by P.N. Tretyakov. - L.: Nauka, 1969. - № 160. - C. 119-130.

29. Pobol L.D. Archaeological monuments of Belorussia: Iron Age / scientific ed. M.A. Tkachev. - Minsk: Ciência e Tecnologia, 1983. - 456 p.: ill.

30. Rassadin S. E. Cultura de Milogrado (problemas actuais de investigação): Autoref. dis.... Candidato de Ciências Históricas: 07.00.06. - Kiev, 1989. - 20 c.

31. Charniausz M.M. Nealgg Belarusian Panyamonnya / ed. por D.Y. Tsyalepn. D.Y.

Tsyalepn. - Minsk: Navuka i tehshka, 1979. - 144 p.: w.

32.   Shadyra V.1. Belaruskae Padzvshne (I mil anos). - Mshsk, 2006. - 150 p.: il.

33.   Schmidt E.A. As tribos do Alto Dnieper antes da formação do Estado da Rússia Antiga. I. Tribos Dnieper-Dvinsky (VIII c. a.C. - III c. d.C.) - M.: Prometheus, 1992. - 208 p.; ill.

Printed by Books on Demand GmbH, Norderstedt / Germany